Class 499.211 No. B28

Presented by

H. W. BARTLETT COLLECTION
ON THE PHILIPPINES NO: 82L

Balicas ni Ayat

SURANSURAT

DA

ERNESTO QUEN NENITA

PINAIDEPPEL NI R. N. MANZANO
NAYTED TI PALOBOS

MANILA: 1926

Balicas ni Ayat

SURANSURAT

DA

ERNESTO QUEN NENITA

PINAIDEPPEL NI R. N. MANZANO
NAYTED TI PALOBOS

MANILA: 1926

PAMUNGANAYAN

Napan nagadal ni Ernesto iti maysa á "Colegio" diay ili ni Nenita, ket iti di maliclican á pagayatan ni gasat á naitudiñg iti maysa á nagbiag, naituroñg á nagammoammoda. Calpasan ti uppat á tawen á panagdindinnada, ket naminsan á naigimoñg ni Nenita cadagidi adu á capatadanna simken ni essem iti puso ni Ernesto cadagidi nabuyana á siñgpet ken imnas ni Nenita ñga umaladag cadagidi caduana á babbalasañg; nagliday ñgad iti napalalo ket iti dina pannacagaway iti pigsa di carayona, napanunutna ti agsurat ken Nenita, ket dagitoy ti suransuratda.

1963 795 (handwritten)

— 3 —

Febrero 12, 1906.

Ay-ayatec unay á Nenita:

Kimmumuten itoy pusoc ni liday á nacana,
Toy bagíc mapacapuy metten ti langana,

Dagitoy met camcamengco manginutdan,
Nga agligsay iti napalalo á laladutdan.

Pilit laeng nga iti rigat innac agbubus,
Ta piman toy gasatco dina la ipalubus

Nga ipecsac comá ni essem nga umappayaw
A patauden ta sagudaymo nga mangayaw.

Ngem nupay babantutco ti di la aglangan,
Agtalecac ta ti langit innacto badangan:

Oh Nenita, pacawanem man comá ti turedna
Toy agdawat tulong ken asim á kiredna.

Iti sasainnec toy pusoc dinan masbaalan
A cumarayo ita imnasmo nga ap-apalan;

Ket timudem comá toy masmasnaayan á timec,
Pudno unay á diac mabalinen ti agulimec.

Ay-ayatenca á sidadalus ken agnanayon,
Ket toy biagco idatonco met á mainayon,

Aclonennac, Oh Nenita, dimo tungdayen
Toy inanama, no dinac met ngad papatayen.

Toy agnanayon nga agayat kenca,

ERNESTO.

— 4 —

Febrero 20, 1906.

Ay-ayatec unay á Nenita:

Ta iliwec á subalitmo ñgaman ti gabayna,
Ayaunay metten toy liday ti isasamayna!

Dimo ilayat ti nagitaan ñga igam ni paay
Tapno toy pusoc di maidalit iti sennaay.

Diac macaturog, sicsica ti pampanunutec,
Umucuuc met ti di agsarday ñga ut-utec,

Imdeñgam cadi toy asug ñga umalimbasag,
Caasiam toy bagíc á ñganñgani mapasag.

Laglagipem á daydi suratco ñga immuna
Toy biagco cacuyog toy ayat innac kinuna;

Isipem man ita no anianto ti pagbanagac,
No cas dimo itden ta caasim ñga awawagac.

Bimmatón sa ket ta pusomon, oh Nenita,
Ta awan lat' asim itoy rigat ñga inca makita;

No dimo agasan ti sakitec diac malasat,
Ket anusacto laeñg ta piman isut gasat.

Lumitemen dagitoy matac iti ridridam,
Dayta caasim, Nenita, dimo cadin ipaidam,

Ta ti biag nupay diac duaduaen á nañgina,
No dinac acoen, diac ladiñgiten á sumina.

Toy agnanayon ñga agayat kenca,
ERNESTO.

— 5 —

Febrero 29, 1906.

Ay ayatec unay á Nenita:
Ala nupay awan lat' caasim nğa inca iburay
Nğa uray no bassit la comá nğa innac mauray,

Tontonec laenğ ta ayatmo á calicagumac,
Isut' napudno piman á liwliwa nğa agumac.

Ti balay á pagtaenğac naliday á makita,
No itoy sibay awanca nğa innac casarita;

Ditá met pusom á nadarisay naitalimenğ
Ti saniata nğa toy biag isut' manğtalimenğ

Madlawmo nğatan á sicsicá ti pagayatac
A di met maipuon itá taermo á masirmatac,

Ta ti puso nğa iti kinasinğpet di maugutan
Isut' cawes ti babai ken daegna á capautan.

Dagitoy as-asugco dimo man la imdenğan,
Ket páit ti nanamen toy pusoc amanğan!

No ipalubosmo laenğ á toy rigat umucuuc
Maidasayacon iti nadawel á taaw ni tuuc.

Awanton ti kinadacsangasat á lac-amec;
No addaac ditá dinnam isu á gamgamgamec;

Ket umisu met á canayon á sanğsanğitac
Ti caawanmo ditoy yanco á makitkitac.

Toy agnanayon nğa agayat kenca,
ERNESTO.

Marzo 6, 1905.

Ay-ayatec unay á Nenita:
Ditá pusom ti ubbug ni asi agmagansa man,
Ta dimán la tumrem iti uray apag-apaman;

Ñgem agpapan toy sagabaec ti naiduma,
Dimonto atapen á toy panagayatcot' mauma.

No ammirisennac nalabit jnca maammoan
A maysaac cadagiti nagbiag á canonomoan:

Diacto met ñgata kenca maipatagicua
Amin á ragsac ditoy luboñg ken sanicua

Ñgem toy law-anǧ nasicap á manǧtallañgaw
A mañgay-ayo iti bin-ig ñga am-ammañgaw;

Ket ti mapaliiw á padas isu ti manǧibaga
A ditay agtaltalec iti cucua ditoy daga.

Ket toy sipupudno ñga ayat á nailucoñg
Iti uneg toy masmasnaayan laeñg á barucoñg,

Awan panagduaduac ñga innacanto isaad
Idiay "Camaudianan", nanam-ay, á casasaad.

Ta isut' pacasaracaa iti nalawag á silaw
A mañgpucaw iti kinasipñget ni allilaw;

Oh Nenita, anamoñgamon toy pakinakem,
No cayatmo met laeñg á pudno ti sarakem.

Toy agnanayon ñga agayat kenca,

ERNESTO.

Marzo 14, 1906.

Ay-ayetec unay á Nenita:

Diac la inanamaen á ni tuuc ti mapasinac,
No iti dawelna awan tulonğmo á mamalinac,

Ket maipapilit laenğ nğa innac anusan,
No ti burayoc dayta asim dimo la bulusan.

Macaturogda aminen dağiti cabbalayco
Iti rabii nğa adayo pay pannacalibayco,

Ket iti liway dagitoy matac á cumidem
Toy lanğacon ti cumuttonğ ken lumidem.

Ket no cayatmo á dumackel pay ti dusac,
Ituredco, ta piman awan lat' pamuspusac;

Nğem no iti capuyco cayatnac á bataken.
Ti caasim caniac dimo nğarud tactaken,

Nalabit á toy banğcayco ti atacupemton,
Ket dagiti met sakitec ti ep-epemton,

Inton makitam á toy bagic aglusduyen,
Ket iti lupoy narigaten nğa allucuyen.

No pudno, Nenita, a castat' pamanunutam,
Aramidemon, tapno toy anğesco maabutam,

Ta no maidalitac itoy napalalo á capsuten,
Ni lamiis dimonto mabalinen á lapsuten.

Toy agnanayon nğa agayat kenca,

ERNESTO.

— 8 —

Marzo 21, 1906.

Sr. Ernesto:

Ta gagar diac man la nadlaw
Nanipud pay inta nagdenna,
Ta ayatmo nğa inca ipadlaw
Nakemco man ti rurudenna.

Ket dida met nğad aglawag
Itoy panunutco á bucbucod
Dagiti inca pinalpalawag,
Uray ubugec diac matucod.

Iti saem ta rigat á lac-amem
Cunam á siac ti namunğanay,
Ket toy caasic á gamgamem
Isu kenca ti macasaranay.

Nğem saom man ti siddaawec,
Ta awan pay met ti impakitac
A ranğgas, ket lagidawec
Ta ayat, idinto á naulpitac.

Diac ammo ta pagsennaayam,
Ket ilawagmo dayta ricna,
Ibilanğca laenğ á pagayam,
Ta ni ayat diac pay maricna.

Nenita.

Marzo 22, 1906.

Ay-ayatec unay á Nenita:

Toy suratmo nğa innac inawat idi calman
Ilemmesnacon iti ladinğit á caadalman,

A di ket maipuon itá imnasmo á caraywac,
Nğem agsipud la itá arpadmo á maadaywac.

Tapno lumunğ-awac dimo cadin ikedked,
Dayta caasim, patawco á nasarikedked,

Ta pilitto laenğ á lumned ken matayac,
No awan ta ayatmo á nabíleg á pagpatayac

Di agbayag, oh Nenita, mapucaw ti pagayam,
A cas laenğ apagdaricmat a panagay-ayam;

Nğem toy napudno nğa ayat, diac duaduaen
Agnanayon nğa ammonacanto nğa ilalaen.

Dimo pailiwag toy ayat nğa innac icutan,
No cayatmo á toy panunut di maricutan;

Ket naimimbag nğa anğesco ti magsaten,
Tapno maguped ni tuuc nğa innac lasaten.

Diac mabalinen á kenca bay-ac ti agayat,
Ta toy pusoc nabaluden iti cawar ni ayat;

Itedmo ketdin dayta asim nğa aw-awagac,
Ta incaricon, Nenita, á sikat' pagpasagac.

Toy agnanayon nğa agayat kenca,
ERNESTO.

Marzo 30, 1906.

Ay-ayatec unay á Nenita:

Ayaúnayen, Nenita, casmo man la iyaw-awan
Toy sanaañgec á rigat ñga inca madlawan!

Pilit la ñga ibturec, ipapasmo ti agbuya,
Isut' cayat piman ta nakemmo á di masuya.

Ti raniag dayta singpet ñga agannaraar
Isut' mamarasuc itoy ayat ñga agpacdaar,

Pudno ñgata á ti lañgit sicat' imburicna
Ñga agimaton cadagiti innac maricna.,

No iti panagbiag á diac mabalin á lacsiden
Adda igacatco á papanan 'wenno aramiden,

Sica coma, Nenita, ti awagac á pagpacadaan
A pagdawatac iti naduñgñgo á patigmaan.

Casla matnag á buloñg ñga agmalmalañgá
Piman ti mapaliiw á casasaad ken lañgá

A gapu iti ayat ni riro dina maiwagsac,
Iti pusona awan laeñg ti umapay á ragsac.

Toy ayat casla agmamayó á culibañgbañg
A di la macasay-up iti sabong á nalasbañg;

Lucatam cadin ta napanayag unay á pusom
Isu ti jardin á nagpunipunan sayamusom.

Toy agnanayon ñga agayat kenca,
ERNESTO.

— 11 —

Abril 10, 1906.

Ay-ayatec unay á Nenita:
Uray sadino canayon ñga ar-arapeepenca,
Ket iti met uneg toy pusoc naipenpenca;

Ti sasainnec toy baruconğco inca siputan,
Cuncunana: "Nenita, ita asim dinac imutan."

Iti kinapudnoc unay ñga agayat kenca
Uray sadino pilitto laeng á birukenca,

Agpapanto pay amin á peggad ti agpinsan
Ken pacauyosan toy biag á maminpinsan.

Sicsican ti pagayatac ñga innac incari,
Nğem rigat ia ñgata li gasatco á naicari,

Ket no masapulmo pay toy biag á cacaisuna,.
Situtulucacon á matay no sica ti gapuna.

Lucatam cadin toy nacabaludac á ducot,
Tapnó lumsaad ti rigatec ñga agsusucot,

Darasem met ti umarayat á manğandinğay
Itoy nasaem á macasemsem a tarumpinğay.

Nğem no awan dayta asim ñga innac urayen,
Guram ñgad ti paggil-ayabem á parayrayen,

Ket awatec ni patay ñga inca ikeddeng,
Ta casta ñgata ti gasatco á naikeddeng.

Toy agnanayon ñga agayat kenca,

ERNESTO.

— 12 —

Abril 19, 1906.

Ay-ayatec unay á Nenita:

Agmayengca nga itamed man ta mugingmo,
Ta panunutem toy pabitibit ita laingmo,

Dayta agtibbayo á pusum inca met suuten,
Ibagananto nga agasam toy innac ut-uten.

Palpaliiwem man tay maiyaw-awan á pagaw
Nga iti inna panagmaymaysa cas aglagaw,

Bigbigem ti laladutna á cas macutoran,
Madlawmonto á gapu ken ayat masicoran.

Ti panagbiag napno iti adu unay á pagel
Ken sakit á di agressat á mangidagel;

Ngem ti ayat á pudno isu ti macatalinaay
Iti puso á dagiti ducducotna agnanaay.

Ngaman ni ayat á ditoy pusoc manannanaw,
Idinto á sicat' dadaananna inca pumanaw

Uray ammirisem ti amin á sangalubongan,
Castoy ayat á napudno dimo matumpongan.

Intono toy biag malpasen ti ipapanawna
Toy lasag dinto mapucaw ti alingasawna,

Mabalin á lang-abemto á lumaoc ita daram,
Ngem ni ayat saannanton á maramaram.

Toy agnanayon nga agayat kenca,
ERNESTO.

Abril 28, 1906.

Ay-ayatec unay á Nenita:
Macasangsangit la tay ubing no ni inána
Awanen nga inna mapuutan idiay dinnana,

Ket no tay bagina lat' saan á mabitibit,
Maluyaan ti sasaibbecna nga agib-ibit.

Casta toy ayat á cumarayo ifa sidongmo,
A cumarayam ken paaclolo ita barucongmo,

Dayta pusom isu ti naimeng nga indayon,
Ket ta dungngom ti duayyana á canayon.

No umasidegac dita nacaay-ayo á sibaymo,
Dagita ingget dalimanec á gunaymo,

Sin-aw ta matá ken isemmo á simmampagita,
Nadungngo nga iná ti arigda la ipakita.

Cas la apuy á cumayamcam á di agpannuray
Toy rigat, ket sumged á diac macaturay,

No ti irarangenna cayatmo á magebgebam,
Yarayatmon ta caasim tapno masebsebam.

Toy ayat agcalcallautang, ta maparitan
A sumangbay dita pusom nga inna gamitan;

Pilit á nacalcaldaang ti pagbanaganna,
No saan á ta sidongmo ti pagdessaaganna.

Toy agnanayon nga agayat kenca,
ERNESTO.

Mayo 5, 1906.

Ay-ayatec unay á Nenita:

Piman la ngarud toy agdinama á casasaad,
Toy pait á namnamnamec di man la lumsaad,

Itoy pusoc tuuc man laeng ti manaripato,
Ket mamacana met ni paay nga inca ipato.

Ngaman á ta asim dimo mabalin nga iyawat,
Idinto nga ammom ti rigatco nga agdawat;

Ket no ti panagayatco dimo la abuluyan
Maipapilit laeng á toy biagco mauluyan.

Riro ken sagubanit didac man sardayan,
Toy pusoc canayon met la á malidlidayan;

Nupay is-isu ti pagtuucac taginayonec
Toy ayat, ta no matayac isunto ti balonec.

Isut' liwliwac dayta imnasmo á masarang,
Ngem ayaunay man ti inca caniac iparang,

Iti pannacaaninawco iti kinalibnosna
Gasatco la ti pabasolec ta impalubosna.

No agtinnagen ti malem á ti init lumnec,
Ket mailangaannac, asim ngatat' sumnec;

No dinac arayaten matayacon á di sumama,
Oh Nenita, ipasirpatmo cadin ni "inanama".

Toy agnanayon nga agayat kenca,

ERNESTO.

Mayo 8, 1906.

Ay-ayatec unay á Nenita:

Dagiti suratco kenca, oh Nenita, adudan,
Nğem dayta caasim diac laenğ magun-udan,

Diac matucod ta ulimecmo á panpanunutec
Nğannğani la agpatnag á malmalutmutec.

Itoy tuuc idinto coman nğa arayatennac,
Nğem saan met ta baybay-an parigtennac:

Ay Nenita, dinac met nğata camá laisen
No ti kinapudno toy ayat inca ammirisen.

Arigmo man cuná á di napudno ti maricnac,
Ta ita caasim ipanawnac man iliclicnac,

Ket ti dimo panañgitaltalec á naiduma,
Gagaraem nğata ta siacto laenğ ti mauma.

Incaricon á diacto uminğga á manğyoman
Kenca itoy ayat nğa innac kitkitoman

Nğa agpapanto pay ni patáy ti calac-amac,
Ta sicsican ti liwliwac ken inanamac.

Nupay dayta caasim ti di laenğ maibulus,
Ammocon á banbannogmo ti mañgilusulus

Ita ayatmo á tuntunec, ket dinac apasen,
Ta iti panagtagicuac ta pusom nalpasen.

Toy agnanayon nğa agayat kenca,

ERNESTO.

— 16 —

Mayo 15, 1906.

Sr. Ernesto:

Amañgan ti tured ta nakem!
Cunam á toy pusoc cucuamon;
Dayawco man toy racrakem;
Ania ñga ulpit ta ricnamon!

Cunam sa á diac la mapuutan
Ti gunay, saó ken aramidec;
Awan met ti inca masiputan,
Ta ayatmo ñgarud ti paidec.

Gapu ñgata ta innac awaten
Ti suratmo isut' pagcunaam
A patgacon ti inca dawaten,
Ket awanen ti pagalicacaam.

Ti agsurat inca sardeñgan,
Naraññgas ti cababalinmo,
Diac cayaten ñga imdeñgan,
Ta siac sa man ti ibabainmo

No ni amac dinac palubosan,
Diac mailawan uray sadino
Ñga ayatnat' innac tunusan
Iti diac mapaliiw no asino.

Nenita.

Mayo 26, 1906.

Ay-ayatec unay á Menita:
Ulitec ita ket ulitecto.laeng ti kinunacon
A dayta pusum sipupudno unay á cucuacon;

Ket nupay iguguram ti innac giggigiran,
Timudem ti linteg nğa innac sañggiran.

Ti pudno ti calicagumna dina iğingína
Uray ania á peggad á sumken iti bagina,

Ket ti nakemna á mangnamnama agpagus
A gumun-ud, ket "cucuacon" cunana á dagus.

No inca idiay teatro, umayac awan duadua
Ket itán cunaec nğa idiay addatan á dua,

Ta ammoem á ni inanama no isu ti tontonen,
Ni met la inanama ti rumbeñ á balonen.

Toy ayat sicat' turonğenna, inanamanaca,
No casta addacan itoy pusoc, icutannaca,

Ta no saan agdadata á mabalin nğa ipaton
A di pudno ti panagayat nğa innac idaton.

Dimo met atapen á dayawmo ti idadanesco,
Ta pudno unay á dayta á panunut caamesco;

Ket no cas paliiwendac ti tarigagayyo,
Ipulubusyo nğad á pagnaedac ta sibayyo.

Toy agnanayon nğa agayat kenca,
ERNESTO.

Junio 5, 1906.

Ay-ayatec unay á Nenita:

Ayaunayen, Nenita, dimo man la sungbatan
Dagitoy un-unnoy toy pusoc á marigatan!

Imutectecam man dayta suratco á basaem,
Tapno inca mabigbig toy tuucco á nasaem.

Pudno, ti babai á natacneng inna paritan
A ti kinasin aw ti dayawna in mamulitan;

Ngem agtuuc toy pusoc nga inca kinayaw,
Ket pudno met á ti mangngaasi maidayaw.

Ammoc unay á kinatacnengmo ti nalatac,
Ngem siaammoca met á sicsica ti pagayatac,

Ket nupay toy panagayat la ti masinged,
Ni sursuro dina met ipalubos á nalinged.

Silalawagen toy saoc ket matucodmon
A ricnacon, Nenita, ti pudno á binaludmon,

Gumawgawawa unayen toy pusoc, mailiwac
A nanamec ta ayatmo á nasam-it á liwliwac.

Ket no awan laeng dayta asim namnamaec
A ni patay met ti capilitan la á sagabaec;

No maidalitac dita sangom' 'dica agsangit?
Sicat' pagbiagac nga intuding ti langit.

Toy agnanayon nga agayat kenca,
ERNESTO.

Junio 12, 1906.

Ay-ayatec unay á Nenita:

Ita nasam-it á dungñgom innac cad iraman,
Aclonennac ita caasim, oh Nenita, ala man!

No duaduaennac, mabalinmo laeng á sawen
Dagiti nagapuanacon nga inca babalawen.

Babaen iti nadalus á naken á di mapilaw
Inanamaem á caamacco ti mangallilaw,

Ta ammoc nga ababá toy biagco nga agdinamá
A cas itay sabong á malayót no madamdamá.

No toy panagayatco ti amkem nga alawem,
Uray ania á pamatalged inca kiddawen;

Ket no calicagumam toy ayat á maipatac,
Iti caingetan kinapudnona ti isapatac.

Tungpalec apaman nga itdem dayta bilin;
Sicsicat' liwliwacon nga innac pinilin,

Ket no cas tungdayem laeng toy inanama,
Agbanagac á pudno ken patay á di sumama.

No ti pannacauyus toy biagco dimo cayat,
Darasem ngad nga aclonen toy panagayat,

Saannac á paayen ta maibuyaten toy darac,
No dica laeng mangipaay ti pacaungarac.

Toy agnanayon nha agayat kenca,

ERNESTO.

Junío 18, 1906.

Sr. Ernesto:

Imbagac á dinac suratanen,
Ngem awan man la ti pategco,
Ta inca ñgad man sunutanen,
Ket maumsi la ti lintegco.

Casanot' pammatic ti inca isarita,
Ket aramidemot' diac cayat?
No dinac ipateg cas makita,
Sipupudno ñgad dayta ayat?

No dayta ayat inca isapata,
Saan ñga isut' calicagumac,
Maituredmo met unay ñgatá;
Ñgem ti saom pudno a caumac.

Agsapatá man laclacaenna
Ni lalaki á dina maud-udan
Ti pañgalaw ni ayatenna,
Saman no di isut' caulbudan.

Ti panagsurat isardeñgmo,
Diac cayat á pacailaw-anan
Iti ulbod ñga ireñgreñgmo;
Ammoc ni dayaw ñga aywanan.

Nenita.

Junio 25, 1906.

Ay-ayatec unay á Nenita:

Caguram ti aramidco, gapuanac ken awid,
Ñgem ni ayat lumucso diac met maigawid,

Ket ita pusom man ti inca pagimtuudan,
Cunananto á ta imnasmo ti ïnda tinaudan.

Dinac patien, ñgem nupay awancanton
A makitkitac, ta iti tanem addacantun,

Toy pusoc cunananto pay la ñga isennaay:
"Oh Nenita, ay-ayatenca uray innac pinaay!"

Di mo atapen á ti sapatac diac panunuten,
Ta nupay awan caasim ñga innac dutduten,

Ammoc unay ñga iti lanñgit á pagrucbabac
Ti ulbud nacaap-aprañg, nadagsen a babac.

Anansata ti panagunnoyco diac maguped,
No ti tadem toy pana ti tuuc di met mauped,

Pudno á ti innac panagsurat ulit-ulitec
No diac la calac.aman ta ayatmo á samitec.

Oh Nenita, no pudno á castat' calicagumam,
Ket dagitoy met saoc kenca ti caumam,

Maipusay ñgaruden toy biag á cacaisuna,
Ket maliwliwaac laeñg, ta sicat' gapuna.

Toy agnanayon ñga agayat kenca,

ERNESTO.

Junio 31, 1906

Sr. Ernesto:

Ditoy á biag ti pagrigatan,
Ti natan-oc á langit cunana:
"Laglagipem, ket dimo lipatan
A ti agánus adda gungunana."

Dayta panunut pagtalnaem,
Inca anusan dayta gasatmo;
No j cas adda tuoc á sagabaem,
Iyagawam la ti ilalasatmo.

Dimo coman pagladingĩtan
Ti pannacapaay ta cayatmo:
Ammoem á babait' calap-itan,
Diac mawayas dayta ayatmo.

Ti babai á maysa ̃nga inariac
Nagcadua can ti rebbenğna:
"In paiturayan iti naganac,"
"Cailalaanna ti tacneñgna."

Pudno á nakemco ti umamac
A toy ayatco ti irepenğco,
No di ammo da inac ken amac,
Ta malabsinğco ti rebbenğco.

Nenita.

— 23 —

Julio 6, 1906.

Ay-ayatec unay á Nenita:
Anian dagiti saomon nğa innac timuden!
Dua cakita man ti inda caniac patauden:

Sam-it man ti iparicnada caniac no maminsan,
Nğem gudasen met la ni pait nğa agpinsan.

Iti rebbenğmo saanca nğa agtaliwayway,
Dayta panunut naiduma met iti wayway;

Itoy ayat umisuca nğad á panğitaclinac,
Ket ta pusom ti rumbenğ á pangidulinac.

Pudno nğa agnaedca pay laenğ iti babaen
Dagiti iná ken amá nğa inca il-ilalaen,

Nğem adda metten panunutmo ken nakem,
Ken sicsica met ti agsagaba iti pasamakem.

Dagiti rebbenğem iti langit á nanğato
Napudno unay á saan cadacuada naipato;

Ket no cas ituronğdaca laenğ á piliten
Iti dimo cayat nalabit nğa inca ladinğiten.

No incarim ti agbalasanğ nğa agnanayon:
Sapay no sagudaynat inca mataginayon;

Nğem dimonto lipatan á ti kinapudnona
A sicsican ti ay-ayatec, ti langit ammona.

Toy agnanayon nğa agayat kenca,
ERNESTO.

Julio 12, 1906.

Sr. Ernesto:

Dayta rigat diac maarayat,
Ket pilit ñga inca anusen,
Ta ammoem á ti innac iwayat
Diac pay mabael á turpusen.

Toy ayat ñga inca caraywan
Diac maited innac kinuna,
No awan palubus ti agaywan
A naganac cañiac ñga umuna.

Dagiti saoc diac baliwan,
Ta di duaduaen á ti naganac,
Napudno unay á capaliiwan,
Isu ti mañgigasut iti anac.

Wen; adda pagpaglac á bucud,
Ket sisiac met ti rumicna;
Ñgem naganac ti macatucud,
Iti siba ni anac iliclicna.

No bay-ac ti innac alagaden,
Anianto ñgarud ti lac-amec?
Lidayto la ti innac saaden,
No ti inda guraen gamgamec.

Nenita.

Julio 16, 1906.

Ay-ayatec unay á Nenita:

Maaninawacon á dayta pusom matignayen
Nğa itoy nadawel á tuoc innac saranayen,

Ket isuna la á pacatubnğam ta butenğmo
A macalabsinğ ito cuncunam á rebbenğmo.

Nğem ammoem, di maśapul ti tulantulagda
Dagiti nagannac, ta umanayen ti nalagda

A panagayan ayat iti babai ken lalaki
Nğa umawat iti matrimonio á sitataraki.

Dagiti agcallaysa á talnat' sapulenda
Maymaysa nğa isip ken puso ti buclenda

Saad nğad á cainugutandat' inda sapulen;
Tapno iti udina awantot' inda pabasulen.

Pudno met unay á di maited da ina ken ama
Ni liwliwa á masapul ditoy biag á madamá

Anansata toy ayat mabalinmo á wayasen,
Ket dayta panagalicacam inca punasen.

Tinto gurada kenca innac met sanğitan,
Nğem agtalecta iti caasi á nailanğitan,

Ta pudno unay á dińto bumuronğ maiburay
Cadagiti nadalus ti pusoda nğa aguray.

Toy agnanayon nğa agayat kenca,

ERNESTO.

Julio 21, 1906.

Sr. Ernesto:

Diac man la coma annugnten
Ta ayat á caniac irucnoymo;
Nğem pusoc la ti gutuguten
Dagita adu nğa un-unnoymo.

Ti babai dina masublianen
No madadaelnan ti dayawna,
Dina metten matalalianen
Ti lumidem á kinasin-awna.

Aclonenca á gapu iti ututem
Isu nğa inca sensennaayan,
Umisu nğad á pampanunutem,
Tandaanam iti casacbayan.

Laglagipem ti inibbatam
A dayta biagmo á cacaisuna,
Cas incarim nğa insapatam,
Maipusay no siac ti gapuna.

No agnanayon á sisasaldit
A sipupudno nğa ayatennac,
Ti lanğit inna met imaldit
No ta nakemmo ulbodennac.

Nenita.

Julio 26, 1906.

Ay-ayatec uñay á Nenita:

Yaman pay ta ti caasim innac naurayen,
Nğem ti panagduaduam caniac ayaunayen!

Ta cas la puris nğa umucuuc ti sanaanğna,
Ket toy pusoc amanğanen ti leddaanğna!

Mabalinmo la á saoen no maalimadamadmo
A panğgepco á ranğgasan ta casasaadmo;

Ti ricna ti maysa á tao ken panunutenna
Ipamatmat ti sao, gunay ken aramidenna.

Dimo atapen á ti sinaoc innacto lipatan,
Ta no casta, ti duaduam caniac agdadatan;

Cunac nğata á ti inca inaramid napuutmo,
Ket no ti panañğacom caniac pjnanunutmo.

Maipuun iti tacnenğmo innac inanamaen
A ti mainugut ita saadmo ammom á kitaen,

Ket napudno unay á ti balasanğ mapilaw
No matnag iti pagaammona á manğallilaw.

Pudno, ti babai á madadaelna ti dayawnan
Amin á ragsac, liwliwa, nam-ay mapucawnan:

Nğem ti kinapudno toy ayatco mapneccan,
Ket iti met nairut á panañğisapatac agtaleccan.

Toy agnanayon nğa agayat kenca,
ERNESTO.

Julio 31, 1906.

Sr. Ernesto:

Saanco met ket á duaduaen
A sipapasnec dayta ayatmo,
Ta ammon ñgata nga ilalaen
Dagiti adun á rigrigatmo.

Ti tao á nadayaw rebbeñgna
A patgen unay ñga ilalaen
Ti babai, ket ti tubeñgna
Ñga agbiag apanna atipaen.

Gapu ket iti di la maipato
Ti masañgoanan, agannadac;
Dayawco met ti mataripato,
Ta mabainac iti capatadac.

No dayta ricnam ti manayon,
Sapay comá iti lañgit!
Tapno dinto la cancanayon
A malmesac iti sañgsañgit.

Ñgem ti pudno á mailatacto,
A cas iti agbettac á kimat,
Inanamaecon á makitacto,
Ta di maliñgdan no agrimat.

Nenita.

Agosto 5, 1906.

Ay-ayatec unay á Nenita:

Amañgan la á nagsam-it ti sinagúdayda
Dagiti balicasmo á naiduma ti lanayda!

Nalibnos, natacneñg á puso ti ipakitam
Cadagiti ababbaba, nañgayed á saritam.

Itan ayatennac. ayatenca, agayan-ayatta:
Anian á nagsam-it ti iparabor ti gasatta!

Panagduadua ti wacnisenta ñga iyadayó,
Ta isut' macaabbucay iti nasaem á mamayó.

Pudno ñga ti ayat cas silaw á caraniagan
A ti agricricut á panunut ínna silnagan;

Wenno nalamiis á danum ti inna padpaden
A tay laladut tí' puso inna paglissaaden.

Ket idinto á ta pusom tl nacaipenpenan
Ni ayat á tuntunec, saancon á mabenbenan

A di ammirisen dayta iliwec á sagudayna,
Isunto á liwliwa toy pusoc iti lidayna.

Ania, ibagam man, ti macaigapú ita ayatmo?
Idinto á balasañgca, ania ti cayatmo?

Ania ti masansan unay á panpanunutemon?
Ket itan ánia met ñgarud ti aramidemon?

Toy agnanayon ñga agayat kenca,
ERNESTO.

— 30 —

Agosto 11, 1906.

Sr. Ernesto:

Ta ayatmo ti inca insapatá;
Ñgem anian ti innac madlaw!
Dinac pay naammiris ñgatá,
Ta duaduam man ti agpadlaw!

Wen, napudno unay á maysaac
A babai ñga isut' calap-itan;
Ñgem amnutna ti di marsaac:
"Ti barit narigat á culitan!"

Wen, utañgco ñga ilawlawag
Daytoy ayat ñga ammirisem,
Ta rebbeñgtat' aglinnawag:
Sapay ñgad comá no parisem!

Ay-ayatenca, ta diac duaduaen
Ti naimbag á pagbanaganta,
No ammonac ñga ilalaen:
Isu ñgad ti calicagumanta.

Panpanunutec ti pammasudi
Ken ayat inton agdennata,
Ta sicá ti umuna ken maudi
A patgec, sapay no castacal

Nenita.

— 31 —

Agosto 15, 1906.

Ay-ayatec unay á Nenita:

Amañgan toy iiday á diac masarkedanen!
Ket iti di agbalicas diac matñgelanen,

Ta ni ayat casmo man cayaten nĝa iwagsac,
Idinto á lac-amenta coman ti adu á ragsac.

Ayanna daydi nawayway unay á panunutmo?
Napanan di saan á marsaac nĝa amnutmo?

Dimo met aya imatonan ta kinabalasañ?
Ayanna di lagda ta tacnenĝmo á di malasang?

Nupay inca maimatañgan ita á lalakiac,
Ammoem á sipapasnec unay no aĝcariac;

Ti maysa á tao, ti cadakes ti aramidna
Mabigbigna laeñ no imdenĝan isipenna.

Diac met maitured á pagcaduaen ti rupac,
Tapno nadalus la ni ayat á cupcupicupac;

No dimo pay ammot' dalan ni ayat á suruten,
Paliiwenac, cababalincot' inca puuten.

Tapno ni ayat nasayaat ti pagbanaganna,
Masapul á kinatacneñ ti gubuayanna,

Isip nĝad ken ricnam ti pagcaysaem;
Ta no saan inanamaemon ni liday á nasaem.

Toy agnanayon nĝa agayat kenca,
ERNESTO.

Agosto 21, 1906.

Sr. Ernesto:

Diac man ammot' punĝanayna
A toy dayawcot' idadenesmo;
Liday man toy inabbucayna,
Ket awan man lat' amamesmo.

Idi á timpuar ni inanaman
Dimon sa napuut ti nagsapata,
Ta isipmot' nabulsec sa man
Idi isun ti inca masirmata.

Ta incarim idi dawdawatem
A sakitmot' innac agasan
Nĝa uray ni patay ti awatem,
Dinac pay laenĝ ranĝgasan.

Ti tuucmo dimo malagipen
Idi inca caniac ibis-bisic
Ti gagarmo nĝa in paadipen
A toy ayat idi ti ilis-lisic.

Pusoc man la ti sisasanĝit,
Anian ti ipaaymo á nagcanal
Nĝem umanayto la ti lanĝit
A manĝiburay iti liwliwana.

Nenita.

Agosto 28, 1906.

Ay-ayatec unay á Nenita:

Nğaman, Nenita, á ta suratco á mamatmatam
Iti sinagudayna sabalin ti panğawatam!

Dackel man laenğ ti pannacaallilawmo,
No atapem nğa idadanesco dayta dayawmo!

Ta isuna la á cababalinco ti impakitac
A panğammoam ti inca liclican á paritac;

Dinac comá cagura, ta maawatam nğaruden
Nğa amin dagitoy ni ayat inna patauden.

Toy pusoc cas dina man ammo ti aramidnan,
Ket iti met sennaayna di man macaidnan!

Iti catalna ti lubonğ inca cad ipalubus
A toy dumemdemdem innac ibubus.

Ket no pudno met laenğ nğa ay-ayatennac,
Dimo ipaidam nğarud ti pannacaidennac,

Uray apagbiit laenğ ita innac caraywan
A sibaymo, tapno ni riro innac maadaywan.

Dagiti pusposota nalpasdan á nagnomó
Nğem ti singgalut ni ayat cas man nanomó,

Ket masapul nğad unay nğa ipanecnecta
Iti nğiwat, tapno ad-addat' panagtalecta.

Toy agnanayon nğa agayat kenca,
ERNESTO.

Septiembre 5, 1906.

Sr. Ernesto:

Pudno, adayo unay á camitec
A pasugnodan dayta nakem,
Castamet á ladladinğetec
Dagita tuuc á pasamakem.

Nğem ta gagar ti carbenğan
Daytoy dayaw nğa ic-icutac,
Ket talnaem nğa imdenğan,
Ta isaadnac iti cainugutac.

Ni ayat cararwa ti balayna
Iti bagí dina madakawat;
Ti nğad adda á sinagudayna
Di maipanecnec iti nğiwat.

Ti ayat á nalimed agdadata
A panğgepna ti manğliput;
Naalas unay nğa agdennata
A cadata awan ti macasiput.

No iti makisaó aggagarca,
Ti panagwayata ad-addanto,
No iti balay agpacdaarca,
Ket nalabit á patgandanto.

Nenita.

Septiembre 12, 1906.

Ay-ayatec unay á Nenita:

Ayaunayen, ti dawatec inca man la paiden,
Idinto á mabalinmo ñgarud ñga aramiden!

Gapuna á caawatan á di pay agtalinaed
Ni ayat ñga iti lucoñ ta pusom sinanaed.

Iti pacasapulac kenca dinac arayaten;
No casta toy pacarigatac inca sayaaten, .

Ket dayta ayatmo saan ñga agnanayonto;
Ngem ti agayat iti sabali maituredmonto.

Ti kinapudno ni ayat á cupcupicupanta
Iti ñgiwat masapul unay á panecnecanta,

Ta nupay di taeñgan ni ayat ti bagitayo,
Cunana: "Iti aramidyo siac ti ipakitayo."

Wen, mainugut met unay ñga aglinnawagta
Ñgem ni ayat di masapul ñga ibunannagta;

Ket ti kinadalusna saan á marugitan,
No agbinnádañgta iti inta pagsakitan.

Cunac ñgata á no napudno ti panagayatmo
Ket adda met pacarigatam unay, cayatmo

Ti panañgarayatco kenca no awagannac; .
No casta rebbeñgmo met unay á patgannac.

Toy agnanayon ñga agayat kenca, .
ERNESTO.

Septiembre 19, 1906.

Sr. Ernesto:

Dica masaranay ita asugmo,
Ta di ipalubus toy casasaad,
Nğaman pay nğa isulisugmo
Ti aramid á naidumat' laad?

An-anoec nğad nğa iyarayat
Ti inca sapulen nğa agasmo,
No addayta met á silalayat
Ti inğget cana á ranğgasmo?

Nupay siac ti inca babalawen,
Ket ta pusom icayennac;
An-anoenca nğad nğa alawen,
No makita á papatayennac?

Di met ayat ti ibunannagta;
Nğem agpadpadata nğa annac,
Tapno nasayaat ti banagta,
Iyammo cadagiti nagannac.

No ti ay-ayaten di badanğan,
Lumidem ti dalus ni ayaten,
Saan nğata no maimatanğan
A rinaranğgas ti aramaten?

Nenita.

— 37 —

Septiembre 25, 1906.

Ay-ayatec unay á Nenita:

Dimo ipagarup á dayawmot' innac tulawan,
Ta daytoy á panagem pudno á caniac awan;

No atapen awan mabalincon nğa aramiden,
Ta dayta cayatmo diac mabalin á gawiden.

Nğem ayaunayen ta innac man la paidaman
Ita ayatmo á nalpasmo nğa impanamnaman!

Ket awan man sabali nğa inna abbucayen
Itoy pusoc no di liday nğa inna samayen.

Malagipmo unay nğata nğa inca kinuná
A siacon ti ay-ayatem á maudi ken immuná,

Nğem ita cayatco man la kenca á timuden
A ti uray no apagapaman dinacto ulbuden.

Nğem no iti iyucuuc ni tuuc maidasayac
Ket pilitto á dita arpadmo maipusayac,

Ti aramidem nğarud, oh Nenita, anianto,
No cas pudno á ti pasamakenta castanto?

Tapno panagduaduac nğad ti malisiacon
A ti incanton pagayatan pudno á sisiacon,

Oh Nenita, alaman met nğaruden isapatam
Ti kinapudno dagiti sao nğa inibbatam.

Toy agnanayon nğa agayat kenca,
ERNESTO.

— 38 —

Octubre 1, 1906.

Sr. Ernesto:

Ayaunayen! Ibilanğnacman,
Ket dica man la agalicacá,
A babai laenğ á di manacman
Ken maal-lilaw á silalacá.

Sapulem payen toy sapatac,
Gapú iti dimo pay capnecan
Dagiti saó nğa inibbatac,
Ta iti casta mapanecnecan.

Idi ta ayat ti irenğrenğmo,
Daydi saom dimet pudno ayá:
"Ay-ayatenca gaput' tacnenğmo;"
Nğem itan castoycan, apaya?

Agpapan pay dimo imtuuden,
Diac agayatton iti sabali;
Saancanto met nğa ulbuden
Inğganat bagíc ti maicali.

Nğem diac ited á manasanas
Toy innac kepkepkepan
A dayaw, ta saan á napalanas
Ti balitoc' no macudrepan.

Nenita.

Octubre 6, 1906.

Ay-ayatec unay á Nenita:

Casca man bumdeñ á ta ayat mañgisapatá,
Ket cunaem pay nğa idadanesca la nğatá,

Ngem nalabit cayatmo á padpadacsennac,
Tapno iti dawdawatec kenca paidennac.

Sinaom ñğa iti sabali dicanto agayaten
Nğa agpapan pay biagmonto ti maiccaten;

Iti casta awan met comá ti ililalaemon
Nğa ited caniac, no sisiac ti ay-ayatemon.

Ket no dinacto isucaten uray caanoman,
Ti panañğlaismo caniac adayo met coman;

Nğem aglalawag ket unayen ta gandatmo,
A ti panagayan-ayatta masina ti cayatmo.

Sidadalus ken sipupudno nğa ayatenca,
Agnanayonto met laeñ nğa ilalaenca.

Nğem awan ti mabalinco no adda idadumam,
Ket ti panagsinata isu ti calicagumam.

Nğem uray ti incarim cayatmo nğa ucasen,
Di maisublin ti nagapuanam ta nalpasen;

Ket no ti kinadakesna ti makitamto,
Sapay comá no cas awan pagladinğitamto.

Toy agnanayon nğa agayat kenca,
ERNESTO.

— 40 —

Octobre 12, 1906.

Sr. Ernesto:

Amanğanen toy nagapuanam!
Dagiti saom ania á paiten
Ti inda caniac ipananam!
Nagsanaang dayta ulpiten!

Agsinatan á siac ti gapuna,
Ti arigmo man dutdutduten;
Ket isu dayta ti nanğruna
A mamacana iti innac ut-uten.

Panpanunutec unay ti saoc,
Ngem pudno met á diac cayat
A ti sirurugit in mailaoc
Itoy nadalus unay nğa ayat.

Pudno, innac impanamnaman
A bumadanğac iti pagsakitam;
Ngem saan uray apagapaman
No daytoy dayaw ti rugitam.

Gapuña á dinacon udud-udan
Ita inca caniac gutuguten;
Pudno á dimonto magun-udan
Ta diacto laeng annuguten.

Nenita.

— 41 —

Octubre 15, 1906.

Ay-ayatec unay á Nenita:
Dayta ayat á nalpasmo ñga impanamnaman,
Oh Nenita, ayaunayen, agnasanasen saman!

Napanan ñgarud daydi incarim caniacon
A ti ayatem sipupudno unay á sisiacon?

Ñgem castoy man ketdi ti inca isubalit!
Cayatmó man laeñ toy bagíc á maidalit!

Idinto á rebbeñgmo unay ñga umarayatca;
Ñgem saan met ta makita ket á nainatca.

Ket no dimo laeñ patgan ti dawdawatec,
Capilitan met laeñ ni patay ñga awatec;

No casta dagiti sinaom dimo ricnaen,
Ti carincari ni ayat dimo ammo á ñginaen.

Oh Nenita, no adda sabali á cagasatmonto,
Ket umapay met ti panagladiñgitmonto

Mabalin unay á malaglagipnacto met ñgatá,
Ñgem awanacton, saannacton á masirmatá.

Toy cararwac á pumanaw innanto balonen
Ni ayat isu nga innanto la taginayonen,

Ta kinunam ñgarud ñga isu ti cuyuganna,
Ket ayatmo anianto ti paganaganna?

Toy agnanayon ñga agayat kenca,

ERNESTO.

Octubre 20, 1906.

Sr. Ernesto:

Toy ayat nupay di maugutan,
Uray bagíc ti mapasagen,
Ta gagarmo diac annugutan,
Anansata dimo idupagen.

Cas maysa laeñ ñga inanac
Imdeñac ti pammagbagada
Dagiti patgec á naganac,
Ket tuñpalec ti ibagada.

Ti cayatda diac labsiñen,
Agpapan pay didac makita;
Gapuna, dimo camá iriiñen
Ta gandatmo á makisarita.

Ania ti innacto mabalinan,
Ket dagiti dadackelco
Isudat' adadda á mabainan,
No dayawcon ti madadaelco?

Di met kenca macapadanag
A di sicá ti innac idaduman,
Ta ti inta comá panagbanag
Diac met comá calicaguman.

Nenita.

— 43 —

Octubre 22, 1906.

Ay-ayatec unay á Nenita:

Agmamayo laeñ, cumapsuten, agalumamay
Toy pusoc á lemmesen la ni tuuc á sumamay;

Ket masapul ti panañibuñgaboñgmo
Itá napudnó unay ñga ayat ken tuloñgmo.

Daytoy sa rigatco á masiimmo ragsakem,
Ta awan man pannacatignay dayta nakem,

Ket no cas pudno á dayta ayat iyalismon,
Adda ñgad sabalin á puso á naammirismon?

Tapno awan ñgarud kenca ti macatalaan,
Iti pannacaidasayco addaac á madadaan;

Ket inton macul-laapan dagitoy matac
Makitamton á pudno unay daydi sapatac.

Ket no met daydi incarim ti malagipmo,
Dinto ñgata agpigerger dayta isipmo?

No castanto saannacto comá á pabasulen,
Oh Nenita, yantañgay isu ti inca sapulen.

Diac undayenen dagiti nasaem á saocon,
Yata ti ipapatayco cayatmo ñga ammocon;

Ñgem dicanto comá maalumiim á tumaliaw
Itoy bañgcay ket dimonto camá caaliaw.

Toy agnanayon ñga agayat kenca,

ERNESTO.

Octubre 25, 1906.

Sr.. Ernesto:

Itan dagiti dadackelco
Casasaadta la ti naammoda,
Nupay casano ti pagelco,
Ket castoy man ti sinaoda:

Ti babai á dina anagen
Dagiti agayat kencuana,
Awan cano ti inna banagen
No dinto ladingit á nacana.

Ket ti maysa á naganac
Biagna ti isalda, ipucawna,
No ti il-ilalaenna nga anac
Irurumenda ti dayawna.

Uray castat' inda nasarita
Saandaca ket á pagapasan,
No dida pay la ket makita
A toy dayaw inca ranggasan.

Gapuna á patgam toy ibagac
A gagarmo coman ti atipaem;
No cayatmo coman ti pagimbagac,
Daytoy dayawco ti ilalaem.

Nenita.

— 45 —

Octubre 27, 1906.

Ay-ayatec unay á Nenita:
Ti nadalus ti ayatna á di mapati ti saona
Nupay ipapilitna comá ti kinapudnona,

Ta casla maab-abi no inda salunğasinğen,
Di ket mainugut á ni sursuro labsinğen.

Ta napudno met á ti maysa á tao rebbenğna,
Cas maitucad iti di mapilaw á tacnenğna,

A ti panunut á naalinaay inna annuroten
Ket ti balacad a nalinteg inna suroten.

Gapuna á ti pammagbagada á nadalimanec
Dagiti patgec á dadackelmo yamanec,

Ta nupay, "dimo utanğ á patien" kinonada,
Napudno á ti sao ken aramid dida agpada.

Panunutem dagiti suratco nğa immunan,
Ket maawatamto á casco la kinuncunan

A rebbenğmo unay ti agannad uray sadino
Ket dica met agtaltalec iti uray asino.

Nğem inanamaem á diacto laenğ gamgaman
A ranğgasan ta dayawmo uray apagapaman,

Nğa agpapan mauyus toy biag á cacaisuna,
Ta sica nğarud ti ilalaec nğa ipanğruna.

Toy agnanayon nğa agayat kenca,

ERNESTO.

— 46 —

Octubre 30, 1906.

Sr. Ernesto:

Dayta tacnenğmo á makita
Sapay ngad comá no taengam;
Nğem toy innac itá isarita
Dawatec unay nğa imdengam.

Cas nasaoc á ti casasaadta
Ammo dagiti dadackelco,
Capilitan no awan annadta,
Nğa ayatdan ti madadaelco.

Ta toy suratmo inda nabasa
Nğa inda laenğ nasucainan
A diac napuut idiay lacasa
Isu nğa inna nacaidulinan.

Awan met ti dakes á cunada,
Nğem diac canon agsuraten,
Ket ti maysa nğa imbagada,
Iti suratmo diac umawaten.

Cas iti bilin nğa inawatco
Penğdam comá ti agsuraten,
Ket patgam met toy dawatco
Á ti dumanon inca iwayaten.

Nenita.

Noviembre 5, 1906.

Ay-ayatec unay á Nenita:

Masdaawac man unay itoy saom á maawatco
Ta cayatmo man á gupden ti panagsuratco;

Dagidi incarim caniac babawyem sa man,
Ta arigmo man itay gudasen toy inanaman.

No cas pudno á dimo cayat ti panagucasta,
Adayó coman ñga imbagam caniac ti casta,

Ta ti panagbinnalacadta ñgarud casanó,
Ket ti pannacaidennac kenca manmanó?

No dagiti dadackelmo indaca bilinen
A lipatennacon cunam ñgata á mabalinen

Ti panañgisubblim cadagidi incarimon,
Idinto á cas danum á nalpasmo á naalimon.

Ñgem dagiti mapanunut ken maricnata,
Ammoem, awan cadagiti amma ken innata;

Ket napudno met unay á didanto nanamen
Ti pait ni ladiñgit ñga intanto lac-amen.

Gapuna á baliwam, oh Nenita, dayta awidmo,
Ket tantananñgem met dagiti aramidmo,

No napudno met laeñg á dayawmo ti igagam
Ken tuntunem ti nasayaat á pagbanagam.

Toy agnanayon ñga agayat kenca,

ERNESTO.

Noviembre 10, 1906.

Sr. Ernesto:

Amanĝanen ti innac ut-uten
Nĝa itden toy saom á nacana!
Pusoc man ti inna salputen
Á casla natarumamis á pana!

Ta ti man kinunac caguram,
Á diac la ammo ti gutugutem,
Nĝem dayta isipmo tuturam,
Ta ti sagudayna panunutem.

Diac met cunaen á lacsidec
Ta ayatmon, nĝem ti ibagada
Da amac ken inac aramidec,
Ta addaac laenĝ iti babada.

Ket ammoem met á no ti anac
Adda tuuc nĝa inna lac-amen,
Napudno á dagiti naganac
Innanto met ida ramaramen.

Wen, napudno á calicagumac
Á dinac comá sursuratamen,
Nĝem adayo nĝa agumac
Á di carita inta lipatanen.

Nenita.

Noviembre 15, 1906.

Ay-ayatec unay á Nenita:

Itan, oh Nenita, toy suratmo ipanecnecna
A ta pusom ni ayat napudno nga ipasnecna;

Ket no nacailawanac ti sao á dimo cayat
Pacawanem, ta gapu laeng ti bileg ni ayat.

Toy saom napudno, ta piman iti lap-ittayo
Á parsua, no awan dagiti dadackeltayo

Nga in cadatayo manalacnib iti sebbang
Ti panagbiag nalacatay la á maitebbang.

Gapuna á nupay dagiti amma ken innata
Pudno á dida maricna dagiti maricnata,

Itan babawyec met la dagiti nalpascon
Á kinuna, ket pudnoda unay á caapascon.

Ta iti ngad rigat isuda ti cabadanganta
Ket iti met peggad isuda ti camanganta;

Nangnangrunada met unay á maimatangan
Á mabainan no cas adda inta pagcurangan.

Ket ti calicaguman á panagpadanoncon
Matungpal met ket iti mabiit ibaoncon,

Dagiti nagannac caniac tapno idatagda
Cadacay amin toy panagayatmi a nalagda.

Toy agnañayon nga agayat kenca,

ERNESTO.

Noviembre 20, 1906.

Si Ernesto:

Pudno ti saom ngem amangan
Dagitoy innac mapasken
A liday ket inca imdangan
Ti ibagac kenca á nasken.

Itan dagiti dadackelco
Cancanayonda nga agung̃et
Nga awan laeng ti mabaelco
Ket rupada ti nasidung̃et.

Nang̃runa á paglading̃itan
Daytoy pusoc nga agmamayo
Iti ditanton panagkitan,
Ta cayatdacon nga iyadayo.

Ita agpadanonca ngaruden
No cas pudno nga ayatennac
Ket toy saoc inca timuden,
Itoy rigat co arayatennac.

No cas dimo laeng aramiden
Daytoy ibagac á masapulco
Saancanto ket á lacsiden,
Ngem awanto met ti basulco

Nenita.

— 51 —

Noviembre 25, 1906.

Ay-ayatec unay á Nenita:
Diacto laeñ malipatan uray caanoman,
Ket tuntunencanto met uray sadinoman;

Ala iwaraywaymo dayta umapay á lidaymo,
Ta iti mabiit toy calicaguman mauraymo.

Ñgem dawatec met kenca nga iyunayunay
A ti inta panagbanag ipatalgedmo unay,

Ket icarim á di agcurañ surotennacto
No dagiti nagannac kenca paayendacto.

Ammoem, Nenita, nga awanen cas ken patay
Iti amés ken rigatna á sumken cadatay;

Ñgem pilitto laeñ nga isu ti lac-amenna
Tay in maparitan ken ayat á gamgamenna.

No dagiti dadackelmo dida umannurut
Itoy ayat, maituredmo caniac ti sumurut?

Ket no siac met laeñ ti inca ipañgruna
Awan ñgatan ti amkem no siac ti gapuna?

Talnaem unay ñgarud, Nenita, á sungbatan
Dagitoy saoec ita nga inca mamatmatan,

Ket ti inca isubalit umuna á panunutem
Casta met comá á ti bileg ta pusom suutem.

Toy agnanayon ñga agayat kenca, -
ERNESTO.

— 52 —

Noviembre 30, 1906.

Sr. Ernesto:

Dagiti dumanon baunemon
Ta ipapanawco ti mabiiten
Ket no sisiac ti ayatemon
Agawaannac ngad á camiten.

Ti calicaguman annugutec
A no mapaayto dayta ayatmo,
Pudno á sicanto ti surutec,
Aramidecto met ti cayatmo.

No cas inca laeng baybay an
Toy innac kenca masarita,
Diac ammon ti inta pamay-an
Tapno matungpal di carita.

Ket dimo mabalin á cunaen
Nga agcurang ti tacnengco,
Cas saanmo ngad á duaduaen
A naaramiden ti rebbengco.

Napudno nga innac rigaten
Dayta sibaymo á maadaywac
Ta ayatmo á diacto lipaten
Isunto met ti pagmamaywac.

Nenita

— 53 —

Ni ayat sinamar ti Dios, dunğnğo á nailanğitan
No adda cadatayo ti ayat ti Dios adda met cadatay;
Nagasat ti tao á maayat iti napaypaysu unay;
Nğem ti ammona ti agayat!, nagasgasat pay!

Intono ti pudno nğa ayat agsacnap ditoy lubonğ,
Ket ricnaen dagiti di kencuana nacatalonton,
¡Oh! nagsam-itto ngatan ti biag ti tao manğimaton,
Ta amin, casdanton naaya muum unay á sabsabonğ.

Ta ken ayat adu pay laenğ ti intay panğawatan;
Maibais, no dadduma, cadagiti ricna á cabaaan;
No ni ayat nanğato saan nğa aguyás iti capitacan,
Isut' init á manğlawag, manğbiag sanğalubonğan.

No ti puso samayen iti nasam-it unay á ricna,
Iti pacanam-ayan pádana nğa nagbiag ditoy daga,
Maysa á paduyacyac ti ayat nğa nawa molitna,
Dayta ti ayat á sinamar ti Dios á Namarsua.

No ti puso umkis nğa agsanğit iti makitana
A pakarigatan padana á tao ket saranayenna
Nğa awan ket ti nagcaysa, nalimed á panğgepna
Daytat' dunğnğo á nailanğitan á bassit ti manğricna.

Ni ayat adda cadagiti amin á parsua,
Iti laem ti puso isut pinilina a sanğbayna.
No iti baruconğmo agpitic natacnenğ á ricna,
Ti timec ti Dios umawag, ni ayat lucagennaca.

FIN·

Aglaco ti nadumaduma ñga historias, Mining wenno Ayat ti Cararua.

Balicas ni Ayat — Susansurat da "Ernesto ken Nenita."

Biag ni Prin. Dn. Andres.

„ „ „ „ German.

„ „ „ „ Ricardo.

„ „ „ „ Jayme del Prado.

„ „ „ „ Rodrigo de Villas.

„ „ „ „ „ „ Villano.

„ „ „ „ Juan del Mundo.

„ „ „ „ Bernardo Carpio.

„ „ „ „ Alejandro ken Luis.

„ „ „ „ Florasol ó Constante.

„ da Adarna, siete Colores; Infanta Marcela; Infantes de Lara; Esmenia; Esmenio; Lam-ang ken Ines Canoyan; Ari Esteban; Juego de Fortuna; Lunario, Eulalio de Sales ken dadduma pay. . . .

———————

VIGAN, ILOCOS SUR, P. I.
31 Washington Str.

Made in the USA
Monee, IL
23 August 2025